DER

MARATHON

Aphorismen 2005

von

Regina Adu

Herstellung und Verlag: Books on Demand GmbH, Norderstedt

ISBN 3-8334-3844-4

DER

MARATHON.

FRIEDEN.

Und der Mond lächelte,
wiegte seinen Kopf

und sagte:

"Alles wird gut!"

gewidmet meinen Kindern Gérard, Isabel und Rosa,
dass sie ihren Weg finden werden.

Vorwort

In unserer schnellebigen, hektischen und komplizierten Zeit
ist es für uns wichtig zu wissen, wo unser Platz ist, wohin wir
gehören.

Oft fehlt uns ein Auffangnetz um Ruhe zu finden und so unseren
Weg positiv fortzusetzen.

Dieses Buch ist ein Beitrag zum Weltfrieden, der Besinnung auf
uns selbst und einer kritischen Auseinandersetzung unseres
Umfeldes. Nur so ist eine tiefgreifende Veränderung möglich.

Denn es geht um uns, dem Frieden auf Erden.

Die Autorin.

Werkverzeichnis

Aphorismen

KAMPF

Im Lebenskampf verflochten,

kein Entrinnen

nur Weitermachen

bis hin zur Erschöpfung,

die mich in unruhigen Schlaf versetzt.

Besinnungslos,

aufwachen,

schweissnass.

Unruhige Träume,

Angst vor der Dunkelheit,

Angst vor dem Aufwachen.

Wie lange noch?

Kampf, der mir die Lebensqualität raubt,

die Gesundheit.

Gott - wo bist du mein Gott?

Meine Liebe zum Leben,

glücklich aufzuwachen,

meine Zuversicht an den Glauben,

der die Hoffnung nährt

zum Leben!

Welch ein Kampf!

MANGEL

Nichts,

gar nichts.

Ein Nichts.

Abgesondert,

ausgesondert,

verurteilt,

weggeworfen.

Schmerzvoll

sich zurückziehend,

nicht auffallen,

nicht stören.

Ertragen

den Mangel

aus Mangel.

SO WIE DER WIND

So wie der Wind
das Ufer streicht,
das Schilf wiegend in der Sonne,
so streifst du meine Seele
mal sanft und doch,

so wie der Wind
stürmisch mich ergreift,
aus dem Gleichgewicht
der Balance mich werfend,
weil
du glaubst
du seist im Recht,
um dich schlagend,
schreiend.

So wie der Wind
mich peitscht
fast blind
vor Wut
im Kreis drehend.
Schwindel,
orientierungslos
sich wieder fangend,
und doch bald
wieder beruhigt.

So wie der Wind
mich streift,
umgarnt,
schmeichelnd
in Liebe umhüllend.

Ein stürmisches Leben.

So wie der Wind.

NUR EINEN TROPFEN

Nur einen Tropfen für mich,

meine Seele,
meine Liebe
die mich nährt.

Nur einen Tropfen für dich,

deinen Mut,
deine Hoffnung,
deinen Glauben,
dass er dich nie verlässt.

Nur einen Tropfen für uns.

Nur einen Tropfen für die Welt,

der uns alle nährt,
umhüllt,
uns geborgen nimmt,
tief in unseren Herzen
und unseren Seelen.

Nur einen Tropfen...

FRIEDEN

Wann werden wir endlich Frieden haben,
uns in die Arme schliessen,
versöhnen für ein
verständnisvolles Miteinander?

Frieden,

wann werden wir aufhören
uns zu verletzen,
anderen weh zu tun,
verurteilen und somit
auch uns isolieren?

Frieden,

wann werden wir uns verstehen,
zurückblicken ohne anzuklagen,
um das schlechte Gewissen
zu beruhigen?

Frieden,

wann werden wir uns anerkennen,
ohne Gedanken an
Ideologien zu
verschwenden und
sinnlos
faschistuiden Richtlinien
folgen?

Frieden,

wann werden wir unseren
krankhaft
materiellen Geist
vergessen,
mobben, Machtansprüchen folgen
und verletzen,
um des Geldes willen?

Frieden,

WANN HABEN WIR ENDLICH FRIEDEN?

STILL RUHT DER SEE

Ein Hauch von Zärtlichkeit,
leise, süss und sanft,
fächerförmiges
ausbreitendes Wellenkleid,
unendliche Weite,
Vertrauen
ewiglich,
Frieden.

Still ruht der See,
ein Rumoren,
Grollen,
Donnern,
wehmütiges Klagen

in der Ferne.

Kein Fühlen,
kein Regen
wie Regentropfen
auf imprägniertem Mantel.

Es berührt uns nicht.

Still ruht der See,
gläsern, glitzernd anbetend,
trügerischer Frieden.

Wann werden wir uns finden,
die Wogen glätten,
Vertrauen schenken,
Hoffnung ernten,
uns akzeptieren,
die Liebe finden,
die Menschen vereint
oder sintflutartige Stürme toben?

Still ruht der See.

(geschrieben zum Israel-Konflikt)

KLEINE HAND IN GROSSER HAND

Kleine Hand in grosser Hand,

warm geborgen,

tief versunken,

schützend,

vertraulich,

wegweisend.

Kleine Hand in grosser Hand,

kein Entrinnen,

mitgezerrt,

weggezerrt.

Schmerzvoller Weg,

immer noch geradeaus,

nur geradeaus.

Jetzt allein die grosse Hand,

mit dem Rücken an der Wand.

DISTANZ

So nah

und so fern.

Wann sehen wir uns wieder?

Und schon bist du da,

vertraut,

warm,

voller Versprechen

und Zuversicht.

Ein Schimmer von

Hoffung,

Glaube

oder

kann es Liebe sein?

Plötzlich

ein Kälteschock.

Härte,

die mich zwingt

zu

ÜBER-LEBEN,
NACH-DENKEN.

DISTANZ

DRUCK

Druck,

der mir die Kehle schnürrt,

mir die Luft

zum Atmen nimmt.

Eingeengt,

immer enger werdend.

Langsam

mich befreie

aus der Enge.

Ganz langsam

frei atmend,

bis ich

Plötzlich

wieder

nach Luft ringe.

DRUCK

UND TROTZDEM

werden wir uns fehlen,
uns erinnern,
den Blick in die Ferne richten.
Ergreifend und
überwältigt von Gefühl,
voller Trauer in die Tiefe sinken.

Und trotzdem

kein Entrinnen
vor dem Leben,
das mich gefangennimmt
von Pflichten,
dem täglichen Einerlei
und immer wieder.

Und trotzdem

doch wie besinnungslos,
manchmal betäubt,
wenn es mich überfällt
bis wir uns wiedersehen.

Und trotzdem

loslassen müssen,
durch die Dunkelheit ziehen
bis ich mich besser
fühle.

Und trotzdem

DES LEBENS FREUEN.

TROTZDEM!

VERTREIBUNG

Tiefe Trauer,
unendliche Tiefe,
keine Horizonte,
kein Hoffen,
nur Warten
auf das DANACH...

Vertreibung,

durch böse Mächte,
die sich anmassen
hier heimisch
zu herrschen.
Ohne Rücksicht.
Ohne Reue.

Vertreibung,

ohne Verstand,
getrieben von blutrünstigen
Ideologien,
die wie Parasiten
dich aussaugen,
mit List und Tücke
dich
verfolgen,
vernichten,
bis auch
der Letzte
sich beugt.

Vertreibung,

und wir,
die hier leben,
hier heimsich sind
sich kleinmachen
im Namen
der längst
allgegenwärtigen Integration.
Wo sollen wir hin, im eigenen Land?

Machtlosigkeit
und Ohnmacht
der hier
tatsächlich Herrschenden,
die hetzen und versuchen,
das Chaos,
den Krieg
zu vermeiden,
zu besänftigen,
die Verfolgten
im eigenen Land
zu schützen.
Was für ein Wahnsinn!

Vertreibung

im Namen Allahs.
Die Stürme
die da toben,
weltweit und allgegenwärtig,
und was kommt danach?

Friede,
Glück,
für ein Volk dieses Landes,
ohne Angst
und Entsetzen.
Doch wohin?

Vertreibung

Ein Land,
mein Land,
dass ich schützen möchte
und Schutz suche,
vor Terror
und destruktivem Denken.
Mächten, die es aussaugen,
misshandeln und es später
in einen Sumpf verwandeln,
und NIEMAND
wird mehr wissen, wie alles anfing - VERTREIBUNG

SCHATTEN

auf meiner Seele,
meinem Herzen,
des Lebens klare Sicht mir nehmen.

Schatten,

so tief ,
dass ich vorbeiziehe
an mir,
meinem Leben,
meiner Liebe zum Leben.

Schatten,

die schmerzvoll sich auftürmen
wie eine Woge im Wind,
die vergeht,
sich beruhigt
im Rausche des Lebens und doch...

Schatten,

die betäuben,
gefangennehmen
in Verletzungen,
Erniedrigungen,
Bedrohungen,
die mich stutzen,
Ohnmacht-behindern.

Schatten,

wie lange werde ich sie ertragen,
die mein Leben auf ein Minimum
beschränken?
Nur tapsen,
ganz leise,
nicht auffallen,
nicht stören,
nur ertragen,
die Willkühr von Menschen.

Schatten,

mahnen
die Stimmen der Peiniger
am Tag,
in der Nacht,
mich bedrohen
wie ein böser Geist
gefangennimmt ,

oder
sich auflösen
in der Dunkelheit des Lebens?

SCHATTEN.

LEIDENSWEGE

Leidenswege

erzählen eine lange Reise
vielerVölker in diesem Land,
doch können sie leben?
Vor langer Zeit
ausgelöscht
bis auf ein Minimum...

Leidenswege

erzählt die Musik,
einem Rhytmus von Härte,
den Trommeln
der Gleichgültigkeit,
dem Wegsehen
und Wegschieben
und wieder
entbehren.
Weiter
in die Ferne
der hellen Töne.

Leidenswege

stimmen ein in Chören
der Benachteiligung,
dem Mangel
von sogenannten
Unterentwickelten.
Aber,
werist hier
tatsächlich
entwickelt?

Leidenswege

tiefer Stimmen
dem Harren
und Hoffen
auf bessere Zeiten.
Doch wie sind
diese Zeiten?
Leidenswege (geschrieben anlässlich eines SINTI-ROMA Konzertes)

SPINNENNETZ

Filigranes Spinnennetz,

fein durchwoben,
zart geflochten.
Du und ich,
wir und ihr
umhüllt

im Spinnennetz.

Gefangen
in Ideologien,
kein Zweifeln
in Zeiten der Stürme
und Wogen des Auf und Ab.
Aber auch kein Hoffen

im Spinnennetz

der Kriege,
der Gewalt,
der scheinbaren Sicherheit.
Kein Fühlen,
kein Verlangen,
keine Liebe

im filigranen Spinnennetz.

EINE WOLKE

Eine Wolke

ganz klein,
wollte feiner sein.
Doch eines schönen Tages
sagte sie:
"Nein,
das muss nicht sein",
schloss sich an
den Anderen,
nahm Freundschaft auf
und das Leben
nahm seinen Lauf.

Eine Wolke

jetzt grösser
dachte sich,
das Leben sollte sein schöner,
doch nach
entlichen Jahren
wurde sie wieder
kleiner,
aber dafür feiner.

WIEDERSEHEN

Und doch

werden wir uns wiedersehen,
uns erkennen,
empfinden,
was ist geschehen?

Und doch

werden wir reden,
aneinander vorbei,
voller Unglück
aus Mangel an
Einsicht,
Zuversicht und
Ängsten vor uns selbst.

Und doch

werden wir fühlen
in kurzen Momenten
des scheinbaren Glücks, und
der Trauer vor dem Danach.

Und doch

werden wir uns trennen
und hoffen und warten
bis zum

WIEDERSEHEN.

ZÄRTLICHKEIT

Ein Hauch

von Zärtlichkeit

streichelt den See,

wellenförmig

der Wind

die Oberfläche

wie kleine Fächer ziert.

Rein der Seegrund,

ganz klar,

feiner Sand,

Muscheln,

Blätter

lassen unschuldig

hindurchblicken,

wie meine Seele

dir zu Füßen.

SPRACHLOS

im Niemandsland,
betäubt
voller Schmerz,
teilnahmslos
vom Leben losgelöst
aus Distanz.

Sprachlos,

tiefe Einsamkeit,
ein Leben,
das an mir vorbeizieht
wie der Fluss,
aus dem du mich verbannst
trotz
meiner Mühen,
meiner Geduld,
meiner Liebe zu dir.

Sprachlos

reduziert
ist meine Esistenz
auf ein Minimum
ohne Freude,
ohne Liebe,
ohne Sinne,
keine Farbe,
kein Duft.

SPRACHLOS

Sprachlos,

irgendwo
ein Motor,
der das Leben
aufrechterhält.
Eine Spur
von Instinkt,
der den Glauben an das Leben
nährt.
Mit der Zeit
den Körper mit Wärme
erfüllt,
Leben einhaucht und
den Puls bewegt.

DENN DAS LEBEN GEHT WEITER,
sprachlos.

HIMMEL

Blauer Himmel,

weites Land,

sensuchtsvoller Blick

in die Weite,

in die Tiefe.

Gedankenverloren,

gedankenversunken,

ganz tief

entflohen

dem Hier und Jetzt.

In eine Welt

des Kummers,

der Einsamkeit und

der Liebe.

Wo ist sie,

meine Welt,

die den Himmel streift?

MEERESRAUSCHEN

Meeresrauschen,
leise
sanft
beruhigt es meine Gemüt.
Weiße Gischt,
knisternd
pulsierend,
aber lieblich
erzählt von einer
langen Reise.

Schiffe am Horizont
ziehen vorbei,
lassen grüssen.
Trauer,
Wehmut stimmt an
ein Klagelied.
Alles Schaffen,
alles Streben
im negativen
Sog des Lebens.

Am Abgrund
sich wehrend,
aufbäumend,
doch wie lange
kann ich
standhalten,
den Stürmen des Lebens?

Weggefegt
aller Mut,
alle Zuversicht
an das Gute, und doch
weit in der Ferne
helle Lichter,
schäumende Wogen.

Stimmen, die sagen,
es kommt eine andere Zeit.

ALLTAG

Zugeschüttet
vom täglichen
Einerlei.
Wo ist der
gesunde Instinkt?

Alltag,

verfälscht
im Sog der
modernen Welt,
des Leidens,
der Hast nach
dem Mehr.

Alltag,

vergessen
der Mensch
im Schleudertrauma.
Isoliert in
Gefühlskälte
voller Trauer.

Alltag,

voller Leid
die Seele misshandelt.
Ein kleines Licht
doch nicht gestorben.
Alltag.

BURN-OUT

Eingefangen
im Niemandsland,
nichts mehr rein,
nichts mehr raus.

Allein
im Garten der
Einsamkeit,
nichts wächst,
keine Blumen,
kein Duft,
keine Liebe.

Gesteuert,
gelenkt
ohne Emotionen
wie ein Computer,
Reaktionen
auf hektische
Betriebsamkeit.

Flucht
in Tagträumen
der Ohnmacht,
existentielle
Notwendigkeiten
schaffen Beruhigung.

Unsere Welt,
leidgeprüfte
Ellbogengesellschaft,
erschöpft und
ungeliebt,
doch nicht
verlassen
im
BURN-OUT.

EWIGKEIT

Ein langer Weg,
zu lang,
ich stehe am Abgrund,
das Ende des Weges.

Tiefe Ruhe,
voller Zuversicht
trete ich diesen letzten Weg
in die Ewigkeit.

Einen Sprung in die Unendlichkeit,
tiefes Wirbeln,
ein Sog von
unendlicher Schnelligkeit.

Vorbei an mir
die Stationen des Lebens,
der mir so prägenden und wichtigen Eindrücke.

Menschen,
die Liebenswerten,
die mich konditionierten.

Hin zu den Licht,
am Ende des Tunnels,
aufgefangen in einer Sphäre
des Friedens,
der Liebe.

Tiefe Geborgenheit und Zuversicht,
kein Leid,
keine quälenden Gedanken,
keine Existenzängste.
Eine Atmosphäre voller Wärme,
die mir so gut tut.

Keine Zeit,
kein Raum, kein Hunger.
Loslassen von den Lieben,
den Meinen und schon
wieder zurück.

Ich sehe sie,
vermisse sie,
rede,
schreie,
doch
Niemand
sieht mich,
hört mich,
denn ich bin

in der EWIGKEIT.

Doch ich komme wieder,

schon bald.

DEAR MR. PRESIDENT

Dear Mr. President,

unendendliche Trauer,
Verfolgung
Mittelloser
wie Frauen und Kinder.
Humanitäre Sensibilität?

Dear Mr. President,

unfassbares Leid,
Missachtung der
Menschenrechte,
Folter in
Konzentrationslagern.
Soldaten mit
Immunität?

Dear Mr. President,

Erschütterung des
Welfriedens,
atomare Bedrohung,
Pakt mit den
Verbündetet?

Dear Mr. President,

die Epoche der
sogenannten
überentwickelten Menschen,
Tier genannt.
Appelieren an den
Instinkt?

Dear Mr. President,

SIE TUN NICHTS.
Unendliche Trauer über der Erde...

WAS ICH MIR WÜNSCHE

Eine Welt voller Glückseligkeit,

ein Zuhause voller Gemütlichkeit,

einen Menschen in Vertraulichkeit,

einen Verstand voller Weisheit,

nicht zu vergessen die Gesundheit.

Kurz:

WAS ICH MIR WÜNSCHE

ist

SORGLOSIGKEIT!

FAMILIENTREFFEN

Wiedersehen
nach
langer Abstinenz.
Überschwenglicher
Gruss
den Verletzten.

Familientreffen

Kindheitserinnerungen,
Fehlentwicklungen
der Hochentwickelten
massloser
Selbstüberschätzung
im
Auf - und
Ab - Werten
Sogenannter,
die nicht
mehr
hierher
passen.

Familientreffen

Erzürnte Gesichter
aus Mangel an
Nähe,
Geborgenheit,
Respekt
und der
notwendigen
menschlichen
Distanz.

Familientreffen,

Ventile,
aus deren Schloten
sich Rache
ergießt.
Wiedergutmachung
von Alpträumen
längst
vergangener Jahre
an Schuldigen,
die keine mehr sind
und
Nichtschuldigen,
die es
weiter
ertragen
müssen.

Familientreffen

Freundliche Gesichter
der Über - Ich Menschen.
Heuchelndes
Interesse an
Zukunftsvisionen
längst Vergessener.

BestürztesSchweigen.

FAMILIENTREFFEN.

KRIEG

Welt-

Weite

Verantwortung.

Wer

verhindert

den Krieg?

Massengräber,

Containertransporte,

Verfolgung der

Verstossenen

und

Zeugen

zur

Vermeidung

von Beweisen.

Keine

Nachsichtigkeit

beim

Spurenverwischen.

Identifizierung

geht mit dem Wahn

der Verfolgung voraus.

Ist Kriegsintervention
abhängig von der Wortwahl?
RISIKO-KRIEG

NAZI-REICH

Bewaffnete Lausejungen
enteignen
mit bestürzender
Naivität,
Nötigung
grosser Werkmeister.

Nazi-Reich

Ersühnung
Abbitte leisten,
Hetze,
Geschäfte mit der Zuversicht
Latrinenreiniger.

Nazi-Reich

Versuchskaninchen
einer
chinesischen Erkrankung.
Umlernen
der Würde,
Schulen als
Züchtigungsanstalten.

Nazi-Reich

Beschreibung
der Freiheit
als Recht des Eigentums.
Kopf hinhalten,
freie Meinungsäußerung
wie
Draufspucken, Verhaftungen,
Folter, Konzentrationslager.

Nazi-Reich

NEIN

sagen.

NICHT

mitmachen.

NICHT

nachgeben.

Sogenannte

Wahrheiten

für

FALSCH

erklären.

NAZI-REICH

JUDENHASS

Freikauf

duch

annehmbare Summen.

Gestalten

im Zigarettenrauch

lassen Niemanden hier.

Blitzkriege

duch

den Schornstein.

Sonderbehandlungen.

Aushalten

bis auf den

letzten Rest

der Würde.

Tränen

der Würde.

JUDENHASS

TOD

Am Anfang

ist es schwer,

aber

später

gewöhnst du dich daran.

Dinge,

die so flüchtig sind,

das sie verwehen,

und man nicht mehr

an sie denkt.

Bedeutungslos.

Kurze Momentaufnahmen

weniger der Rhytmus

rütteln wach,

aber für ein Opfer

lohnt es sich meistens.

Tod.

DEUTSCHLAND

SATT

essen.

SATT

hungern?

Unfähigkeit

der hier Herrschenden.

Rürup Kommission

Hartz Kommission,

Gerechtigkeit

den Gerechten.

Belohnung

im Entzug.

Politische

Verschiebebahnhöfe

sichern

soziale Gerechtigkeit?

Zucker, Brot und
Peitsche,

aber

des Deutschen Ehre ist die

Treue bis in den Tod.

KIRCHE

Heiligtum,

Reichtum,

Eigentum

Liebe Gottes.

Verzeihen

auf Ewiglich,

Logenplätze

den

Privilegierten.

Armut

den

hinteren Reihen.

Ignoranz

dem Risiko.

Intoleranz

der

Liebe Gottes?

KIRCHE.

GESPENSTER

Ein Gefühl

von Magenschmerzen.

Duck von außen,

Druck von innen,

ungewisse Zukunft.

Gespenster

in meinem Herzen,

Menschen

wie Roboter,

lieblos und

unverrückbar,

abgekapselt,

abgeschnitten

von dir und mir.

Gespenster

in meinem Kopf,

verloren im Hin und Her.

Ein Knäuel der Verwirrung.

Gespenster.

WAISENHAUS

Waisenhaus

Zufluchtshaus
der
Wut,
Trauer und
Enttäuschung?
Gefühlswirrwar.
Ohnmacht der Waisen.

Waisenhaus

Gefängnis
der
legalen
Gewalt,
denn
das
Eltern-Gleichgewicht
war gestört...

Waisenhaus

der Flüchtlinge
ohne Eltern.

Mut machen,
Begleitung bei
Sorgen und
Nöten.
Lebenswege ebnen.

Kurz:
LIEBE ZEIGEN.

GEWITTER

Gewitterwolken

fern

am Horizont.

Leise grollend,

sich langsam

nähernd.

Ein weißer Schleier,

Brautschleier

sich ausbreitet,

öffnet,

und

ganz plötzlich

derSturm

es aufreißt

wie ein Fetzenkleid.

Vögel

stimmen an

ihr Klagelied,

bis

ein greller Blitz

hellerleuchtet

Regentropfen ausstößt,

ergießt

das ausgedörrte Land.

Tropfen

der Klarheit und

der Frische

lassen leuchten

taufrisch

wie meine Seele

war am dürsten.

NESTER

Nester

der Geborgenheit,
der Wärme,
derLiebe,
versorgt und
ausstaffiert.
Start für das Leben.

Nester,

weniger schön,
Mangel an
Wärme und
Nahrung.
Unterernährung,
Liebesmangel,
Liebesentzug.

Nester,

der Absonderung,
Aussonderung,
Nesthygiene,
raus aus dem Nest,
raus bist Du.

Nester,

zu viele solcher Nester...

VERANTWORTUNG

Verantwortung

reicher Länder
Schutzbefohlenen
Leid,
finanzielle Not
zu lindern.

Verantwortung

der Pharma Konzerne
Exporten
weltweit zuzustimmen,
Gesundheit
zu gewährleisten,
auch
wenn diese keine
Absatzmärkte darstellen.

Verantwortung

der WTO
trotz
Veto der US-Regierung

Verantwortung

für die Ärmsten der
Armen
zu übernehmen.

Verantwortung

für Jedermann,
Jedermanns Leid zu tragen...

FERIEN

Ferien

in der Todeszone,
beeindruckende
Beweise
seelischer Überentwicklung,
dem
Testen der
Leidensfähigkeit.

Ferien

biologische Krönung,
dem Austricksen des Instinkts,
mit dem
richtigen Tempo
der Todesgefahr.

Ferien

Untersuchung
körperlicher Grenzen,
Beweise der
seelischen Überentwicklung
feiern den
Sieg über sich selbst.

Ferien

Gipfelstürmer,
Ignoranten der Warnsignale,
Selbstgefährdung,
Risikoverhalten
argumentieren
die Frage der Ehre.

Ferien

Jetzt oder Nie.

Die Verdrängung
läuft immer Schritt
mit dem Streben-Schicksal.

Todesfolgen.

FERIEN.

TSCHETSCHENIEN

Tschetschenien

Ersticken
einer Gesellschaft,
die längst
aufgelöst,
von
Weltmachtgelüsten,
der
sogenannten
Befreiung.

Tschetschenien

Demokratisch
unsensibel,
aber
politisch stabil.
Dankesreden
auf ein
tödliches Drama.

Tschetschenien

Überlebende
zum Weihnachtsfest
symbolisieren
eine hilflose,
gelungene
Staatspolitik.

Tschetschenien

Beschränkungen,
Einschränkungen,
ist das
der Weg
zum FRIEDEN?

AL - KAIDA

Al-Kaida

Weltweite
Netzwerke
zerstören
Menschenleben.
Helferhelfer
terrorisieren.
Die Spirale
der Gewalt
dreht sich
schneller.

Al-Kaida

Viele Tränen,
grosses Leid.
Schwächung der
gesamten Weltwirtschaft,
globale Existenznöte.

Al-Kaida

Faschismus,
blindes Vertrauen
in zerstörerische Ideologien,
die Keine mehr sind.

Al-Kaida

Benachteiligung,
Unterdrückung,
Märtyrertod
werden
die Macht des Guten
TROTZDEM
nicht erschüttern.

TERROR

Terror

Minderjährige
Zwangsrekrutierte
bereiten sich vor
auf die sogenannte
heile
Welt.

Terror

Vernichten
lernen
in
Züchtigungs-
Lagern,
den Verstand
reduzieren
für
den Tod.

Terror

Säuberungen,
filtern
von
unerwünschten
Elementen,
Entführungen
der
Gedemütigten.

Terror

Anschläge,
Kriegserklärungen
in Solidarität
grosser Heiliger.
Zeitbombe
Terror.

STAATSHAUSHALT

Staatshaushalt

Einschnitte
die verändern.
GEMEINSAM
Katastrophen meistern.
Tatkraft
schafft
Grossartiges.

Staatshaushalt

INDIVIDUELLE Möglichkeiten nutzen,
keine Blockade,
Erfahrungen
bestimmen den Wandel.

Staatshaushalt

WETTERFESTER Sozialstaat,
Eigenverantwortung,
Mut zur Veränderung.

Staatshaushalt

NEUVERSCHULDUNG
Diskussionen
überflüssig,
Aufbau
einer HUMANEN Gesellschaft.

Staatshaushalt

Schmerzhafte Prozesse.
NEUE SOLIDARITÄT.
NEUES DEUTSCHLAND?

ARMEE

Friedensversprechen

zur Befriedung.

Der Wert

repräsentabel zu sein.

Vorsichtige

Entscheidungen

der

Herrschaft eines Landes.

Folterknechte

sind

Wehrpflichtige.

Sorglosigkeit

gewisser Ereignisse.

Demokratie

lässt schlimmste

Menschenrechtsverletzungen zu.

Grausame

Unterdrückung,

gewinnen um

JEDEN PREIS:

Risiken von

Menschen für den Frieden.

Freiheitsrechte in Händen der Armee

zeigen Schwächen der Regierung.
aber seit dem Morgenstern sind wir so klug wie zuvor.
Wenn es zu spät ist, sterben wir mit ihm...

BOSNIEN - UN - MANDAT

Nicht eingreifen,

zusehen,
das Elend ertragen,
erdulden
müssen.

Nicht eingreifen,

ethnische Säuberungen,
Misshandlungen,
Erschiessungen,
Erhängte,
Kreuzigungen an Häuserwänden.

Nicht eingreifen,

Tränen der Überforderung,
des tiefen Leids,
unbedachtes Benehmen.
Verweigerung des Gehorsams
bei
NICHTERWÜNSCHTEN HILFELEISTUNGEN.

Nicht eingreifen,

Raub,
Vergewaltigungen,
zerstückelte
verkohlte Leichen.
Kinder ohne Köpfe,
Arme und Beine.

Nicht eingreifen,

Häuser in Flammen,
KEIN Schutz
den MINDERJÄHRIGE
Kriegsopfern und wieder
gehorchen,gehorchen,gehorchen.

Nicht eingreifen,

Frauen
bluttriefend
im Morast,
schreiende Kinder,
Vernichtung
von Zeugen.

Nicht eingreifen,

ERMORDUNGEN
ABWARTEN,
für welche
politischen Interessen?
Welche Signale?

Nicht eingreifen,

Leichenberge
wie
lebende Kissen,
die überschritten werden.
Stolz sein
auf das Gefühl
NICHT geholfen zu haben!

Nicht eingreifen,

Lichter der Dunkelheit.
ILLEGALE EINSÄTZE
der Hummanität
retten die Menschenwürde.
DIE BESTE WÜRDE:

BOSNIEN - UN - MANDAT.